Die vielen Gesichter der Jungfrau Maria

Eine spirituell-historische Betrachtung

Bibliografische Information der Deutschen Nationalbibliothek: Die Deutsche Nationalbibliothek verzeichnet die Publikation in der Deutschen Nationalbibliografie; detaillierte bibliografische Daten sind im Internet unter http://dnb.dnb.de abrufbar

Copyright © Stefanie Gralewski 2014
Herstellung und Verlag: BoD – Books on Demand,
Norderstedt
ISBN 978-3-7357-6168-2

In Gedenken an die Ahnen
und in der Hoffnung, dass alle
Religionen der Welt einmal
friedlich nebeneinander
leben können.

Inhalt

Vorwort

Lange habe ich überlegt ob Sie, liebe Leser, wirklich ein Vorwort für dieses kleine Buch benötigen. Ich dachte, alles was ich schreibe, würde für sich selbst stehen.
Doch je mehr ich an den einzelnen Kapiteln schrieb, um so mehr fiel mir für das Vorwort ein.
Besonders nachdem einige Leute dieses Buch zur Probe gelesen hatten, wurde mir bewusst, dass es doch einigen Erklärungsbedarf gibt.

Mit diesem Buch möchte ich Leser ansprechen, die so sind wie ich: Leser, die an verschiedenen Religionen und deren Entstehungsgeschichte interessiert sind; Leser, die Freude an der Entdeckung von Parallelen der diversen Glaubensrichtungen haben; Leser, die offen für neue Ideen sind und tolerant, anderen Menschen trotzdem auch Althergebrachtes zu lassen.
Denn ich persönlich halte es ja wie der Alte Fritz (Friedrich II., König von Preußen), der im 18. Jahrhundert schrieb:

„Die Religionen Müsen alle Tolleriret werden und Mus der Fiscal nuhr das Auge darauf haben, das keine der andern abrug Tuhe, den hier mus ein jeder nach seiner Fasson Selich werden." [1]

Demnach soll jeder seinen Glauben nach seiner Auffassung definieren und praktizieren. Natürlich in gewissen Grenzen. Denn meine Freiheit endet dort, wo ich die eines Anderen beschneide.

Ein Jeder darf für sich entscheiden, ob er den Traditionen seines Elternhauses folgen oder sich einer der vielen verschiedenen religiösen Gruppierungen der Welt anschließen möchte - oder auch vielleicht ganz ohne einen Gott seinen Frieden findet.

Dies ist heutzutage in unserem Kulturkreis leichter als jemals zuvor, wo doch die meisten Menschen sich als tolerant bezeichnen. Zumindest in den Großstädten trifft das wohl so zu. Ob das dann auch wirklich gelebte Toleranz ist, soll hier und heute dahingestellt bleiben, denn darüber könnte man nahezu unendlich diskutieren - und das würde den Rahmen dieses Buches sprengen.

Ein weiterer Segen unserer modernen Welt (zumindest empfinde ich dies so) ist die Möglichkeit, auf Informationen aller Art zu jeder Uhrzeit und von beinahe jedem Winkel der Welt zugreifen zu können.
Dies bringt aber auch die Verpflichtung mit sich, nicht mehr nur nach dem Munde eventueller Lehrer, Meister oder Gurus zu reden, sondern sich selbst zu informieren und selbst zu recherchieren, was genau eigentlich in den alten Texten steht, auf die die geistlichen Oberhäupter sich über Jahrhunderte, wenn nicht sogar Jahrtausende hinweg berufen haben.

Denn mit der Zeit kann man selbst sein eigenes Puzzle, seine eigene Meinung zusammensetzen.

Mit diesem kleinen Buch möchte ich nicht den Anspruch erheben, die allumfassende, einzig wahre Wahrheit zu kennen oder jemanden zu belehren. Es soll sich auch nicht um eine wissenschaftliche Ausführung handeln. Ich möchte hier lediglich meine Sicht der Dinge und meine Gedanken aufschreiben.

Dazu kommt, dass es sehr verschiedene Deutungen und Auffassungen von historischen Texten und archäologischen Funden gibt, die auch in anderen Religionen kontrovers diskutiert werden.
So gibt es in der keltischen, germanischen, griechischen und römischen Mythologie verschiedene Sichtweisen auf Götternamen, Geschichten, Orte und Daten. Manches Fundstück lässt sich mit heutiger Sichtweise nicht oder nur lückenhaft erklären. Einige Daten und Geschehnisse sind nach mehrfachen Kalenderreformen nur bruchstückhaft zu rekonstruieren.

Hier soll es nur um die Maria – oder besser die *Marien* – der Bibel gehen. In diesem Buch gehe ich von der Existenz eines Wanderpredigers namens Jesus von Nazareth aus. Ob es sich dabei um den Sohn Gottes handelt oder nicht, überlasse ich dabei Ihrem Glauben.

Ich lade Sie ein, mit mir gemeinsam Parallelen zu entdecken und eine ganz neue Sichtweise zu gewinnen - auf Maria, die sogenannte Mutter Gottes.

Herzlichst,
Ihre Stefanie Gralewski

Maria in der Kirchengeschichte

„Mutter Gottes"
„Königin der Engel"
„Himmelskönigin"
„Himmlische Mutter"
„Immerwährende Jungfrau"

In unserer heutigen Gesellschaft, die vermehrt nach spiritueller Erfüllung sucht, hat Maria viele Namen und diese Aufzählung könnte noch unendlich weitergeführt werden. Sie wird im Gebet angerufen und fast wie eine Göttin, manchmal sogar gottgleich, verehrt. Dies war aber nicht immer so.

Die Rolle der Maria hat sich im Laufe der letzten 2000 Jahre immer wieder verändert. Der Widerstand der Patriarchen gegen die Mutter des Jesus von Nazareth zieht sich wie ein roter Faden durch die Kirchengeschichte - bis in unsere Zeit hinein. Verwirrt durch eine undurchsichtige Vermischung der einzelnen Personen, wurde Maria gleichzeitig zur Heiligen, wie auch zur Hure erklärt.

Wenn in diesem Kapitel also von Maria die Rede ist, dann ist eben diese Vermischung gemeint. Denn eigentlich ging es um die Rolle der Frau, die von den Kirchenvätern diskutiert wurde.

Zunächst waren die Kirchenmänner damit beschäftigt, Maria herabzusetzen und zu beweisen, dass sie einer

Anbetung nicht würdig sei.

Der Bischof von Zypern, Epiphanius, gab um das Jahr 370 die Anweisung:

„Lasst den Vater, den Sohn und den Heiligen Geist anbeten, aber lasst niemanden Maria anbeten!" [1]

Epiphanius [2]

Papst Anastasius schrieb Ende des 4. Jahrhunderts:

„Lasst niemanden Maria die Mutter Gottes nennen, denn Maria war nur eine Frau, und es ist unmöglich, dass Gott von einer Frau geboren wurde." [3]

Anastasius [1]

Frauen hatten um die Zeitenwende herum einen denkbar guten Stand. Dies kam noch aus dem Frauenverständnis der alten Religionen: Frauen waren der Mittelpunkt der Familie, Herrin über das Heim und religiöse Schaltzentrale des privaten Lebens. Und so war auch das Selbstbild der damaligen Frauen ein recht stolzes.

Doch frühchristliche Machthaber (und solche, die es werden wollten) erkannten die politische und wirtschaftliche Macht der Religionen und der Versuch, die Frauen politisch zu vereinnahmen, misslang. Den meisten Frauen der Antike waren die damaligen Entwicklungen des Hellenismus in Griechenland (hin zu einer patriarchalischen Religion) ebenso wie die Entwicklung der strikt monotheistischen Religionen suspekt.

So schufen also Senatoren und andere Politiker eine streng patriarchische Konstruktion auf Basis eines Monotheismus. Dieser war ja aus dem Judentum bereits geläufig. Sie arbeiteten gezielt an der Herabwürdigung der Frauen – um dafür zu sorgen, dass Religion auch im Privatbereich zur Männersache wurde. Über viele Jahrhunderte hinweg war die sündige Frau die das Böse und den Tod in die Welt brachte, das, was die Kirchenmänner predigten. Dies gipfelte in mittelalterlichen Schmähschriften, Unterdrückung und Verfolgung.

In den ersten Jahrhunderten des Christentums gab es viele verschiedene politische Lager, die alle zum Teil sehr unterschiedliche religiöse Vorstellungen innerhalb des Glaubens um Jesus Christus hatten. Politik und Kirche waren (und sind ja heute auch noch) stark miteinander verwoben und so war es eine Sache der politischen Verhandlungen, dass letztlich die Trinität der alten

Religionen (z. B. Osiris-Isis-Horus oder die dreieinigen heidnischen Göttinnen – Jungfrau, Mutter, Alte) im 4. Jahrhundert auf den christlichen Gott (Vater-Sohn-Heiliger Geist) übertragen wurde.

Osiris-Horus-Isis [1]

Aber auch nach der Einigung darauf waren die Streitigkeiten nicht beigelegt. Denn die natürliche Trinität (Mutter-Vater-Kind oder auch Jungfrau-Mutter-Alte) ließ sich plausibel erklären - war es ja das, was das Volk aus dem Alltag kannte. Wie nun aber genau Jesus Sohn Gottes und gleichzeitig auch Gott sein konnte, verstand keiner so recht. Und so entfernte sich das, was der Klerus predigte und das, was das Volk verstand, zunehmend voneinander.

Der Inhalt der Bibel veränderte sich ebenfalls wie die christlichen Dogmen, also Glaubensanweisungen, im Laufe der ersten vier Jahrhunderte.

Trotz Kompromissen und Zwischenlösungen im Konzil von Nicäa im 4. Jahrhundert blieben viele Fragen ungeklärt. Viele Schriften über das Leben des Jesus von Nazareth, viele

Zeitzeugen und Berichte wurden für „unwürdig" erklärt und kamen nicht in die nähere Auswahl für das Buch der Bücher – die Bibel. Erst dort wurden die Texte (die politisch am wenigsten Streit provozierten) für die Bibel festgelegt.

Die Exegese, also die Bibelauslegung, ist bis heute allerdings eher flexibel – je nach politischem Hintergrund.

Auch die Christianisierung des Römischen Reiches war nicht etwa das Werk eines überzeugten Christen. Nein – ganz im Gegenteil: Kaiser Konstantin der Große führte im 4. Jahrhundert in Rom das Christentum als Staatsreligion ein, obwohl er Zeit seines Lebens dem Sonnengott Apollo huldigte. Erst auf dem Sterbebett ließ er sich auf inständiges Bitten seiner Frau Helena (die eine gläubige Christin war) taufen.

Eine Legende berichtet, dass Konstantin auf dem Feld einer historisch und auch militärisch wichtigen Schlacht ein Zeichen bekam. Der Gott Apoll zeichnete mit einem Sonnenstrahl ein Kreuz auf das Schild eines Soldaten. Konstantin verstand dies als göttliches Zeichen und befahl, alle Schilde mit diesem Symbol zu bemalen. Als er die

Schlacht gewann, schrieb er dies Apoll zu, der mit dem Christengott einverstanden sei und führte die Kreuzesverehrung und das Kreuz als Glückssymbol ein. Sogar auf Münzen ließ er es prägen.

Dennoch waren es vor allem politische Beweggründe, die zur Einführung einer Staatsreligion führten. Als Konstantin zum Alleinherrscher über das Römische Reich wurde, führte er zunächst auch eine allgemeine Religionsfreiheit ein – die gleichwohl auch für die bis zuvor verfolgten Christen galt.

Kaiser Konstantin und Helena [1]

Die christliche Gemeinde wuchs und Konstantin ging scheinbar davon aus, dass der christliche Glaube die Menschen einen und es sich daher politisch günstig auf die Reichsführung auswirken würde.

Er setzte Vikare als Vertreter von Diözesen ein (schon sein Vorgänger Diokletian hatte mehrere Provinzen in Diözesen zusammengefasst), prägte das dynastische Herrschaftsmodell und gestaltete die Hofhaltung nach orientalischem Vorbild deutlich prunkvoller als zuvor. Außerdem versuchte Konstantin sich als Mittler zwischen den verschiedenen Religionstheorien auf dem Konzil von Nicäa (im Jahre 325 n. Chr.).

Zwar war die Religionsfreiheit offiziell verbrieft, doch durch die aktive Stärkung des Christentums erhielten die Bischöfe mehr und mehr Einfluss auf politische Ämter. Dies funktionierte wie eine Aufwärtsspirale. Mehr Einfluss und Stärkung für die Bischöfe bedeuteten auch mehr Macht und Einfluss auf Konstantin selbst. Immer größer und stärker wurden die Forderungen der christlichen Würdenträger. So nahmen diese auch verstärkt Einfluss auf die Gesetzgebung Konstantins. Z. B. wurde die freie Ehescheidung verboten und die Strafen auf Kinderlosigkeit aufgehoben.

Doch das volkstümliche Bedürfnis einer Muttergöttin, die das Christentum so nicht anbot, ließ sich nicht ersticken. Denn die heidnischen Göttinnen, die - im Gegensatz zu den auf den Klerus beschränkten, unnahbaren Riten – sehr volksnah, greifbar und seit Jahrtausenden mitten im

Alltag integriert waren, sind wichtiger Bestandteil, wenn nicht sogar die Basis des Glaubens und die Verkörperung des Göttlichen (gewesen). Nur durch die Muttergöttin kann ein Rettergott – ein Erlöser – wirken.

So entstand die christliche Gestalt der Maria aus Teilen und Bruchstücken der Großen Göttin verschiedener Religionen der alten Welt. Sie wurde von Kirchenlehrern der damaligen

Zeit als Braut oder Gemahlin Jesu und zugleich als seine Mutter dargestellt, ganz nach dem Vorbild der heidnischen Göttinnen und ihres Sohn-Gemahls.

Das nun auftauchende Problem – nämlich dass ja nur eine Göttin einen Gott zur Welt bringen kann – brachte allerlei merkwürdig anmutende Theorien hervor.
So meinten einige Kirchenväter, dass Jesus nicht auf normalem Wege geboren wurde, sondern sich plötzlich als Erwachsene vor Maria materialisiert hätte. [1]

Die Marcioniten, eine frühchristliche gnostische Gemeinschaft, behaupteten, Jesus hätte niemals ordinäres weibliches Fleisch berühren können, weshalb er überhaupt gar nicht geboren wurde. Er sei – nach marcionitischer Auffassung – schon als voll ausgebildeter Erwachsener vom Himmel herab gekommen.
Die meisten Patriarchen lehnten Marias Mutterschaft ab, weil Maria nicht nur eine einfach Sterbliche, sondern auch noch eine unreine Frau war.

Im Mittelalter wurde Maria dann immer noch an den gleichen heiligen Quellen und Hainen der alten vorchristlichen Göttinnen verehrt. In einer Zeit, in der die Priester von der Kanzel herab Geschichten eines strengen, strafenden und unberechenbaren Gottes erzählten, wandte sich das Volk hilfesuchend an die Heilige Mutter um Trost und Barmherzigkeit zu erbitten.

In der romantischen Zeit der Renaissance kam es zu einer Veränderung der Rolle Marias. Sie wurde zwar immer noch als Sünderin dargestellt, jedoch hob man ihr Leid als Mutter, die ihren Sohn sterben sah, hervor. Plötzlich verspürte man eine Art verklärtes Mitleid, das sich in der Kunst dieser Zeit widerspiegelt.

Christi Abschied von Maria [1]

Nach kirchlichem Dogma erfüllt Maria zwei der drei grundlegenden Kennzeichen der Göttlichkeit: Sie sei durch die unbefleckte Empfängnis frei von Sünde und durch die Himmelfahrt auch unsterblich. Das dritte Merkmal wäre die Allwissenheit – diese fehlt zwar offiziell, volkstümlich wird ihr aber auch das zugesprochen.

Und noch bis in die Moderne hinein ist die Rolle Marias viel diskutiert. Im zweiten vatikanischen Konzil von 1950 wurde die Frage, wer oder was Maria nun eigentlich sei, heiß debattiert. Das Dogma der Himmelfahrt Marias wurde erst hier festgelegt.

Und die Veränderungen sind noch lange nicht beendet. Immer wieder gibt es Initiativen von Bischöfen und Kardinälen, Maria eine Art Miterlöserschaft zuzusprechen. So ließ der Kardinal und Erzbischof des indischen Ranchi 2008 eine Unterschriftenliste anlegen, in der er andere Kardinäle um Unterstützung für sein Ansinnen bat. Es müsse jedoch deutlich gesagt werden, dass es nicht darum gehe, Maria auf die selbe Stufe mit Jesus zu stellen; der zentrale Charakter des Heilswerkes des Erlösers sei etwas selbstverständliches, und man betrachte die Gottesmutter als eine Mitwirkerin an dieser Erlösung; es gehe nicht um eine Gleichstellung beim Erlöserwerk Jesu Christi, sondern um eine Teilnahme, eine Abhängigkeit bei der Erlösung. [1]

Maria in der Bibel

Wenn man sich nun die Rolle der Maria aus der Bibel erschließen und mit vorchristlichen Quellen vergleichen möchte, stößt man auf die Schwierigkeit, dass der Name Mirjam (die hebräische Version) - ebenso wie die griechische Form Maria – heute wie damals ein sehr beliebter und daher gebräuchlicher Name war.

So findet man allein im Neuen Testament sechs verschiedene Marien:

Maria von Nazareth, jungfräuliche Mutter von Jesus

Über sie heißt es bei Lukas 11 ab Vers 26:

„Und im sechsten Monat ward der Engel Gabriel gesandt von Gott in eine Stadt in Galiläa, die heißt Nazareth, zu einer Jungfrau, die vertraut war einem Manne mit Namen Joseph, vom Hause David: und die Jungfrau hieß Maria. Und der Engel kam zu ihr hinein und sprach: 'Gegrüßet seist du, Holdselige! Der Herr ist mit dir, du Gebenedeite unter den Weibern!' Da sie aber ihn sah, erschrak sie über seine Rede und gedachte: Welch ein Gruß ist das? Und der Engel sprach zu ihr: 'Fürchte dich nicht, Maria! du hast Gnade bei Gott gefunden. Siehe, du wirst schwanger werden und einen Sohn gebären, des Namen sollst du Jesus heißen. Der wird groß sein und ein Sohn des Höchsten genannt werden; und Gott der Herr

wird ihm den Stuhl seines Vaters David geben; und er wird ein König sein über das Haus Jakob ewiglich, und seines Königreiches wird kein Ende sein.'

Da sprach Maria zu dem Engel: 'Wie soll das zugehen, da ich von keinem Manne weiß?' Der Engel antwortete und sprach zu ihr: 'Der heilige Geist wird über dich kommen, und die Kraft des Höchsten wird dich überschatten; darum wird auch das Heilige, das von dir geboren wird, Gottes Sohn genannt werden. Und siehe, Elisabeth, deine Gefreunde, ist auch schwanger mit einem Sohn in ihrem Alter und geht jetzt im sechsten Monat, von der man sagt, daß sie unfruchtbar sei. Denn bei Gott ist kein Ding unmöglich.' Maria aber sprach: 'Siehe ich bin des Herrn Magd; mir geschehe, wie du gesagt hast.' Und der Engel schied von ihr." [1]

Jungfrau mit Kind [2]

Maria Magdalena

Die Bibel sagt z B. bei Lukas 8, 2 über sie:

„dazu etliche Weiber, die er (Jesus, Anm. der Autorin) gesund hatte gemacht von den bösen Geistern und Krankheiten, nämlich Maria, die da Magdalena heißt, von welcher waren sieben Teufel ausgefahren und Johanna, das Weib Chusas, des Pflegers des Herodes, und Susanna und viele andere, die ihm Handreichung taten von ihrer Habe."

„Als Jesus am frühen Morgen des ersten Wochentages auferstanden war, erschien er zuerst Maria aus Magdala, aus der er sieben Dämonen ausgetrieben hatte. Sie ging und berichtete es denen, die mit ihm zusammen gewesen waren

Maria Magdalena [1]

21

und die nun klagten und weinten. Als sie hörten, er lebe und sei von ihr gesehen worden, glaubten sie es nicht. " [1]

Maria Salome

Bei Matthäus 27 ab Vers 55 steht über sie:

„Und es waren viele Weiber da, die von ferne zusahen, die da Jesus waren nachgefolgt aus Galiläa und hatten ihm gedient unter welchen war Maria Magdalena und Maria, die Mutter der Kinder des Zebedäus" [2]

In verschiedenen Bibelübersetzungen wird Maria Salome (auch Salome von Gallilaä genannt) mit der Mutter von Jakobus gleich gesetzt (der Vater von Jakobus ist Zebedäus), manchmal wird hier von verschiedenen Marien gesprochen. Dann wären es schon sieben an der Zahl.

Maria Salome war jedenfalls (da sind sich alle Übersetzungen einig) auch bei der Entdeckung des leeren Grabes dabei:

„Am nächsten Abend, als der Sabbat vorüber war kauften Maria aus Magdala, Salome und Maria, die Mutter Jakobus, wohlriechende Öle, um zum Grab zu gehen und den Leichnam von Jesus zu salben. Sehr früh am Sonntagmorgen machten sie sich auf den Weg zum Grab. Die Sonne war gerade aufgegangen, als sie dort ankamen. Unterwegs hatten sie sich noch gefragt: 'Wer wird uns den Stein vom Eingang des Grabes wegwälzen?' Doch als sie jetzt hineinblickten, sahen sie, dass der riesige Stein zur

Seite gewälzt war. Sie gingen in die Grabkammer hinein und erschraken sehr, als sie innen auf der rechten Seite einen jungen Mann in weißem Gewand sitzen sahen. Der sprach sie gleich an und sagte: 'Erschreckt nicht! Ihr sucht Jesus von Nazaret, den Gekreuzigten. Er ist auferstanden, er ist nicht hier. Seht, das ist die Stelle, wo sie ihn hingelegt hatten. Und nun geht zu seinen Jüngern und sagt ihnen und dem Petrus: Er geht nach Galiläa voraus. Dort werdet ihr ihn sehen, wie er es euch angekündigt hat.'" [1]

Maria Salome und ihre Familie [2]

Maria von Bethanien

Sie ist die Schwester von Martha und Lazarus. Der Johannesbrief 11 berichtet ab Vers 1 über sie:

„Es war aber einer krank, Lazarus von Bethanien, aus dem Dorfe der Maria und ihrer Schwester Martha, nämlich der Maria, die den Herrn gesalbt und seine Füße mit ihren Haaren getrocknet hat; deren Bruder Lazarus war krank." [1]

Ehrlich gesagt, haben mich diese Zeilen irritiert. Johannes bezieht sich hier auf eine Situation (nämlich die Fußsalbung), die erst im Johannes 12, 1 beschrieben wird (also erst ein Kapitel später geschieht):

„Sechs Tage vor dem Passah kam Jesus nach Bethanien, wo Lazarus war, welchen Jesus von den Toten auferweckt hatte. Sie machten ihm nun dort ein Gastmahl, und Martha diente. Lazarus aber war einer von denen, die mit ihm zu Tische saßen. Da nahm Maria ein Pfund echter, köstlicher Nadensalbe, salbte Jesus die Füße und trocknete ihm die Füße mit ihren Haaren; das Haus aber wurde erfüllt vom Geruch der Salbe. [2]

In allen aktuell gebräuchlichen Bibelübersetzungen findet sich diese Ungereimtheit. Ein befragter Pastor sagte zu mir, dass das der Geschichte nicht zum Nachteil gereiche. Ja, das ist richtig. Die Geschichte ist sicher die gleiche. Allerdings zeigt das ganz deutlich, dass an der Bibel so lange herum geschrieben wurde, dass bestimmte Dinge (z.

B. verschiedene Personen) durcheinander gebracht wurden.

Maria Magdalena mit Maria von Bethanien [1]

Weitere Marien

Über Maria, die Mutter des Johannes Markus, ist nicht viel bekannt, es gibt nur diese Erwähnung von ihr in der Apostelgeschichte 12 ab Vers 11:

„Da kam Petrus zu sich selbst und sprach: Nun weiß ich wahrhaftig, daß der Herr seinen Engel gesandt und mich aus der Hand des Herodes und von allem, was das jüdische Volk erwartete, errettet hat. Und er besann sich und ging zum Hause der Maria, der Mutter des Johannes mit dem Zunamen Markus, wo viele versammelt waren

und beteten." [2]

Dann gibt es noch eine weitere Maria (eine Christin in Rom),

deren Arbeit der Apostel Paulus im Römerbrief 16,6 nur beiläufig erwähnt:

„Grüßet Maria, welche viel für uns gearbeitet hat." [1]

Wie schon eingangs beschrieben, sind hier nur die Marien des Neuen Testaments – also aus einem Teil der Bibel beschrieben. Im Alten Testament, wo es um das Volk Israels geht, finden sich noch unzählige mehr. Allein das macht es wirklich schwer, die Hintergründe zu recherchieren, zu beleuchten und zu verstehen.

Unzählige Bibelübersetzungen und unterschiedliche Auslegungen machen es zusätzlich schwierig. Die meisten Christen haben es daher schon längst aufgegeben, die Ursprünge zu ergründen und verlassen sich auf das, was der Pfarrer vorgibt. Dies finde ich sehr schade, zeigt sich hier doch unendlich viel Potenzial, die wahre Tiefe des Glaubens zu ergründen.

Martin Luther hatte diese Unverständlichkeit einst angeprangert. Er setzte sich dafür ein, dass auch der einfache Mann (oder die einfache Frau) das Wort Gottes vernehmen konnte. Luthers Erbe sehen viele darin, die Bibel stets neu zu übersetzen und in moderne Worte zu fassen. Dies mag dem Wunsch geschuldet sein, die Jugend neu zu erreichen. In Zeiten des Materialismus mag das auch ein guter Ansatz sein.

Allerdings entfernt man sich dadurch immer weiter und weiter von dem, was einige Menschen vor knapp 2000 Jahren einmal für wichtig hielten und aufgeschrieben haben.

Maria außerhalb der Bibel

Das Marienevangelium, eine der gnostischen Schriften (also einer der Texte, die aus politischen Gründen und verschiedener Kompromisse nicht in die Bibel aufgenommen wurden), setzt alle drei Marien, die bei Jesu Kreuzigung anwesend waren (Maria, die Mutter von Jesus; Maria Magdalena und Maria des Kleophas), miteinander gleich, als seien sie die heidnische, dreieinige Göttin, die den Tod des heidnischen Heilands erwartet.

Genau dieses Bild findet sich in der nordischen (oder auch germanisch genannten) Mythologie, in der die drei Nornen (die Schicksalsgöttinnen) am Opferbaum Odins (der Haupt- und teilweise auch Vatergott) standen.
Neun Tage und neun Nächte hing dieser, freiwillig hungernd und durstend, als Opfer am Weltenbaum Yggdrasil, um die Weisheit der Runen (magische Schriftzeichen) zu erlangen. Vorher hatte sich Odin selbst einen Speer in die Seite gestoßen, aus dessen Wunde Blut floss (auch das Bild der Speerverletzung kennen wir aus dem Kreuzigungsmythos). Dann erhielt er das Wissen um die Runen als „Belohnung".

Der Künstler und Autor Voenix beschreibt sein Bild des Hangatyr (Hängegott) und diesen Mythos sehr treffend:

„Odins Hängeopfer ist ein Weg, wie ihn Schamanen, Initianten und eigenwillige Suchende seit Jahrtausenden begehen. Wie bei den meisten archaischen Kulturen galten

bei vielen Germanen Opferhandlungen als Ausdruck ihres tiefsten Glaubens. Je größer und wertvoller das hingegebene
Opfer, desto wohlgewogener die Gottheit." [1]

Hangatyr [2]

In nahezu allen Mythologien lassen sich Spuren der dreifachen Göttin finden, die über Vergangenheit, Gegenwart und Zukunft herrschen. Sie erschienen üblicherweise in Person der Jungfrau, der Mutter und der Alten (oder auch Schöpferin, Bewahrerin, Zerstörerin). Die weibliche Trinität nahm besonders in den westlichen Religionen viele verschiedene Gestalten an: Bei den Slawen waren es die Zorya, bei den Iren die Morrigane, die dreifache Guinevere oder die Brigit der Britannier.

In der nordischen Mythologie gibt es diese Dreiergruppe in Form der drei Nornen.
Urd (Bedeutung: Schicksal), die älteste der drei, ist die Norne der Vergangenheit. Sie spinnt die Schicksalsfäden der Menschen.
Werdandi (Werden) ist die Norne der Gegenwart. Sie bemisst diese Fäden.
Skuld (Schuld) ist die Norne der Zukunft. Sie schneidet den Schicksalsfaden am Ende des Lebens eines Menschen ab.

Ein weiteres Beispiel für vorchristliche Triaden sind die Matronen. Diese werden als Muttergöttinnen (in Dreiergruppen) auf so genannten Stiftsteinen dargestellt – steinerne Denkmäler, als Dank für gewährte Wünsche oder Rettung aus Gefahr.

Nachbildung eines Weihe-Altar für Matronen [1]

In der griechischen Mythologie waren zwar in erster Linie die drei machtvollen Moiren die Schicksalsgöttinnen, es gab daneben aber auch andere dreifache Herrscherinnen der Zeit z. B. die Horen. Fast immer wurden sie – wie die nordischen Pendants – als Weberinnen dargestellt. Analog zu den nordischen Nornen wird der Lebensfaden von den Moiren gesponnen (Klotho),
bemessen (Lachesis) und abgeschnitten (Atropos). Bei den Etruskern standen die Moiren sogar über den Göttern.

Alle diese Dreiergruppen verkörpern Aspekte einer frühzeitlichen archaischen dreifachen Göttin, deren Name Moira war und die älter als die Zeit gewesen sein soll. Das Wort Moira bezeichnete in mykenischer Zeit zunächst den Grundbesitz einer Frau und war somit ein Überbleibsel des alten Matriarchats. Mit Moira war also ursprünglich ein zugeteiltes Stück Land gemeint und erst in späterer Zeit das „zugeteilte Schicksal". Sie erschien zuweilen in

Gestalt der drei Horen, den himmlischen Nymphen Eunomia (Ordnung), Dike (Schicksal) und Irene (Frieden). Diese standen auch für die drei Phasen des Lebens: Das „Ordnen" der Elemente bei der Erschaffung eines Menschen; für das ihm von der Mutter bestimmte Schicksal; und für den Frieden der Auflösung, also des Todes, den Aphrodite Columba, die Taube des Friedens, am Ende seines Lebens schenkte.

Mare Nostrum bedeutete bei den Römern sowohl „unser Meer" wie auch „unsere Mutter" und bezeichnete das Mittelmeer, alle anderen Meere waren „maria". Sie wurden von der Göttin in ihrem blauen Kleid symbolisiert. Wie auch Maria oft mit blauem Kleid dargestellt wird.
Die Taufbecken christlicher Kirchen wurden mit dem Schoß Marias verglichen, so wie auch die antiken Wasserkessel, die mit dem Schoß der Göttin verglichen wurden.

Die Immakulata (also die unbefleckte Empfängnis) durch Maria ist eines der 245 katholischen Dogmen, obgleich sie in der Bibel überhaupt nicht explizit angesprochen wird. Papst Pius IX. verkündete erst am 8.12.1854 die

„von Gott offenbarte und darum von allen Gläubigen fest und standhaft zu glaubende Lehre: Die seligste Jungfrau Maria wurde im ersten Augenblick ihrer Empfängnis durch ein einzigartiges Gnadengeschenk und Vorrecht des allmächtigen Gottes im Hinblick auf die Verdienste Christi Jesu, des Erlösers des Menschengeschlechtes, rein von

jedem Makel der Erbschuld bewahrt." [1]

Laut dem Heiligen Ephräm der Syrer sei Maria einerseits ein Abbild Evas in ihrer Reinheit und Unversehrtheit vor dem Sündenfall, andererseits gleichzeitig das Gegenbild Evas, da Eva die Ursache des Verderbens, Maria aber die Ursache des Heiles sei. [2]

Dies ist auch der Grund, warum Maria auf manchen Darstellungen auf eine Schlange tritt: Einerseits besiegt sie damit das, was Eva angelastet wird (nämlich von der

Schlange den Apfel anzunehmen, der zum Rauswurf aus dem Paradies führt), andererseits auch die Keuschheit. Denn die Schlange ist seit alters her auch ein phallisches Zeichen und verkörpert die Sexualität (der die Jungfrau mit dieser Symbolik entsagt).

Marienfuß auf Schlange, Ausschnitt eines Altarbildes [1]

Die Schweden nannten das Sternbild des Orion den Spinnrocken der Jungfrau Maria – auf der Grundlage, dass die Nornen die Schicksalsfäden der Menschen spinnen. Eine Szene aus dem Protoevangelium (die Offenbarung des Jakob) lässt eine Ähnlichkeit nicht leugnen: Maria hätte in einem Tempel einen blutroten Faden zu spinnen begonnen, als der Engel Gabriel über sie gekommen sei und ihr Gottes Samen gebracht habe. Ebenso wurden die Fäden der griechischen Klotho als blutrot beschrieben.

Der griechische Mythos weist ebenfalls Parallelen auf: Persephone saß in einer heiligen Höhle und begann, an einem

großen Bild des Universums zu weben – an dem magischen Bild, das durch die Mutter zur Realität wurde. In diesem Moment erschien der Himmlische Vater in Gestalt einer phallischen Schlange und zeugte mit ihr den Heiland Dionysos.

Der 25. März – der heute Maria Verkündigung genannt wird – war auch der Tag, an dem die gesegnete Jungfrau Juno (römisch) ihren Retter-Sohn Mars empfangen hatte, indem sie ihre eigene magische Lilie gegessen hatte. Deshalb ist der Monat März nach diesem Gott benannt. Der Tag wurde im Jahre 656 auf dem Konzil von Toledo offiziell als Fest der Gottesmutter christianisiert. Aber die Lilie als Attribut Marias blieb.

Genau wie in vielen vorchristlichen Religionen wird exakt neun Monate später die Geburt der Sonne (des Lichts) und des Erlösers mit Zeremonien begangen wird. Z. B. feierten die Syrer am 25. Dezember die Wiedergeburt des Sonnengottes durch die Himmelsjungfrau Astarte, indem laut in den Straßen verkündet wurde, dass die Jungfrau geboren hätte.

In nordeuropäischen Ländern wird heute noch am 21. Dezember die Sonne begrüßt – und mit einer Sonnenwendfeier gepriesen. Und auch in Europa und Übersee wird am 25. Dezember (bzw. in Deutschland am Abend des 24.) die Geburt von Jesus gefeiert.

Nun bestand das Problem, dass es eben in der Bibel so viele Marien gab, dass selbst der Klerus durcheinander kam. Von

Priestern, Bischöfen und auch Päpsten wurden die verschiedenen Marien bunt miteinander vermischt. Papst Gregor I. war weder der erste noch der letzte, der behauptete,
dass Maria Magdalena die Maria sei, die Jesus die Füße wusch und salbte und damit einer Namensverwechslung zum Opfer fiel. Wie schon erwähnt – Maria war ein stark verbreiteter Name.

Was mich wirklich immer irritiert hat, ist die Aussage, Maria Magdalena wäre eine Hure gewesen. Nirgendwo in der Bibel findet sich eine solche Aussage. Zwar gab es früher aufgrund der schon mehrfach angesprochenen Namensverwechslungen die Ansicht, Maria Magdalena wäre eine Sünderin gewesen, aber auch dies findet sich nicht in den Texten.

Es wird immer gern angebracht, dass damit die Geschichte um die Ehebrecherin gemeint sei, wie sie in der Bibel im Johannesevangelium 8 in Vers 1-11 erzählt wird:

„ Und jeder ging in sein Haus. Jesus aber ging nach dem Ölberg. Frühmorgens aber kam er wieder in den Tempel, und alles Volk kam zu ihm; und er setzte sich und lehrte sie. Die Schriftgelehrten und die Pharisäer aber bringen eine Frau, die beim Ehebruch ergriffen worden war, und stellen sie in die Mitte und sagen zu ihm: 'Lehrer, diese Frau ist auf frischer Tag beim Ehebruch ergriffen worden In dem Gesetz aber hat uns Mose geboten, solche zu steinigen. Du nun, was sagst Du?' Dies aber sagten sie, ihn zu versuchen, damit sie etwas hätten, um ihn anzuklagen. Jesus aber bückte sich nieder und schrieb mit dem Finger auf die Erde. Als sie aber fortfuhren, ihn zu fragen, richtete er sich auf und sprach zu

ihnen: 'Wer von euch ohne Sünde ist, werfe als Erster einen Stein auf sie. Und wieder bückte er sich nieder und schrieb auf die Erde. Als sie aber dies hörten, gingen sie, einer nach dem anderen, hinaus, angefangen von den Älteren; und er wurde allein gelassen mit der Frau, die in der Mitte stand. Jesus aber richtete sich auf und sprach zu ihr: 'Frau, wo sind sie? Hat niemand dich verurteilt?' Sie aber sprach: 'Niemand, Herr.' Jesus aber sprach zu ihr: 'Auch ich verurteile dich nicht. Geh hin und sündige von jetzt an nicht mehr!'" [1]

Ja, hier ist tatsächlich von einem Ehebruch die Rede. Bis ins 20. Jahrhundert hinein wurde bei einem Ehebruch immer der Frau die Schuld gegeben – ungeachtet der tatsächlichen Situation. Aber das kann nicht der Ursprung für die Schmähungen von Maria Magdalena sein. Denn erstens wird hier ihr Name nicht erwähnt (es wird überhaupt kein Name genannt) und zweitens hat Maria Magdalena Jesus kennengelernt, als er ihr „Dämonen" austrieb – eine Beschreibung für die Heilung einer Krankheit. Bei Maria Magdalena gab es also keinerlei Hinweise auf einen sündigen Lebenswandel oder gar Prostitution.

Aber auch hier zeigt sich die flexible Bibelauslegung und -übersetzung. Je nach Mode und Bedarf wird das verlautbart, was gerade nötig ist. Und in Zeiten der Emanzipation zieht die Kirche diese Betitlung kleinlaut und ohne viel Aufhebens zurück.

In einem christlichen Buch fand ich folgendes:

„Einige Kritiker meinen, dass in der Stelle in Jesaja 7, 14 ('Seht, die Jungfrau [alma] wird ein Kind empfangen, sie wird einen Sohn gebären, und sie wird ihm den Namen Immanuel (Gott mit uns) geben.') das Wort alma, das in der

Einheitsübersetzung mit Jungfrau übersetzt ist, mit 'junge Frau' zu übersetzen wäre. Das hebräische Wort alma bedeutet tatsächlich eine junge, unverheiratete Frau im gebährfähigen Alter. Zu Jesajas Zeit war damit aber

entweder eine Jungfrau oder eine Prostituierte gemeint.
Da aber der Kontext der Prophezeihung die Prostituierte
ausschließt, muss man hierunter also eine Jungfrau
verstehen." [1]

Dies erschließt sich mir überhaupt nicht. Wieso sollte sich aus dem Kontext heraus eine Prostituierte ausschließen? Dieses Schmuddelimage, dem diese Dienstleisterinnen heute ausgesetzt sind, hat nichts mit den Tempelhuren der Antike zu tun, die ein geschätzter und verehrter Teil der Gesellschaft waren.

Ich warne davor, mit heutigen Moralvorstellungen alte Geschichten zu bewerten. Als Beispiel: In meiner Jugend in den 1980ern wurden mir Grimms Märchen vorgelesen. Zu Hause und auch im Kindergarten. Heute mehren sich die Stimmen, dass der menschenfressende Wolf bei Rotkäppchen vielleicht zu viel für kleine Kinderseelen wäre. Die Moralvorstellungen ändern sich im Laufe der Zeit. Daher passen unsere Maßstäbe nicht auf den Alltag, der vor 2000 Jahren oder mehr herrschte.

Maria in der modernen Esoterik

Aktuell erlebt die Marienverehrung einen starken Boom. Doch nicht etwa in christlichen Reihen, sondern vielmehr in der großen Welt der Esoterik. Das Wort Esoterik wird in heutiger Zeit gern allumfassend für alles Spirituelle und Mystische verwendet, einige meinen, es hätte mit ursprünglicher Spiritualität nichts mehr gemeinsam.

Und das stimmt auch. Denn in unserer neugewonnenen und neuerlebten Freiheit, schaffen wir uns zunehmend unsere eigene Religion. In meiner beruflichen Arbeit als Mentalcoach und Wahrsagerin sind mir viele begegnet, die ich in diesem Bereich nicht vermutet hatte. Gläubige Moslems, orthodoxe Christen und andere, denen doch laut ihrer Glaubensanweisungen Wahrsagerei und magische Handlungen verboten sind. Und auch homosexuelle Christen und Christinnen sind kein Paradoxum mehr.

So finden auch eher „antibiblische" Ansichten über Maria zunehmend Anklang. Zum Beispiel als eine der Aufgestiegenen Meister. Mehr als 1000 verschiedene Botschaften der Jungfrau Maria habe ich im ersten Halbjahr des Jahres 2014 auf deutschen Social Media Internetportalen gefunden. Keine Frage: Maria ist Trend.

Da ich selber keine persönlichen Erfahrungen mit Maria vorweisen kann, habe ich in meinem Klienten- und Freundeskreis gefragt. Und das waren die Antworten:

Alexandra erzählte mir folgendes:

„Zu Maria Magdalena kann ich tatsächlich etwas berichten: Meine Mutter rief mich vor 9 Jahren morgens um 5 Uhr an und sagte, dass mein Opa gestorben war. Ich bin sofort hingefahren, wir haben viel geweint etc. Als ich mich mittags hinlegen wollte, fing ich an zu träumen: Ich war irgendwie in den Wolken, sah meine Oma auf mich zukommen, dann ging mein Opa von meiner Seite weg zu meiner Oma an die Hand. Sie entfernten sich – als ob sie durch die Wolken immer weiter weggehen würden. Dann drehten sie sich nochmal um und winkten. (Da habe ich gerade wieder Tränen in den Augen). Ich sah noch hinterher – da erschien plötzlich ein Frauenbild vor mir und nickte nur, lächelte und verschwand wieder. Ich habe dann mit einem Medium darüber gesprochen. Sie sagte zu mir, ich hätte durch meinen Glauben sehen können, wie mein Opa von meiner Oma abgeholt wurde. Sie hätte schon lange auf ihn gewartet und er wurde auf diesem Weg von Maria Magdalena begleitet. Sie hat seine Seele 'an Ort und Stelle' gebracht. Es war wohl tatsächlich Maria Magdalena, die ich sehen durfte! (So, jetzt brauch ich erst mal ein Taschentuch). Und ich weiß, dass es stimmt, denn das Medium beschrieb meinen Opa vorher so genau. Sie sagte, er sitze am Kopf des Tisches und hätte immer so eine Mütze auf, da sei irgendein Emblem drauf, welches, konnte sie nicht erkennen. Und mein Opa fuhr ja über 20 Jahre immer nach Baltrum und hatte immer ne Kapitänsmütze auf. Da hab ich Gänsehaut bekommen."

Irena empfindet Maria so:
„Ihre Energie ist sanft, aber kraftvoll. Sie beflügelt Dein

Herz. Gerade in dieser Zeit der Wandlung ist Maria sehr präsent. Ich bin Heide und das Wissen des Heilens in vielen Aspekten wird seid Generation in unserer Familie weitergegeben. Marias Anwesenheit hat mir bei einigen Herausforderungen geholfen. "

Petra schrieb mir:
„Ich sehe die für mich wichtigen Marien in der Bibel, also Mutter von Jesus und Maria Magdalena, als wichtigen Bestandteil meines Glaubens. Weniger, weil es um eine jungfräuliche Geburt und eine Sünderin geht, als vielmehr weil es Frauen sind, die die komplette Bandbreite an schmerzhaften Erfahrungen und bedingungsloser Liebe erfahren haben. Deshalb sind sie für mich 'Ansprechpartner' in allen diesen Belangen. "

In einem Zeitungsartikel aus dem Jahre 2012 las ich von einer Historikerin an der Harvard Universität namens Karen King. Sie stellte ein Papyrus-Fragment vor, dass die Ideen von Bestsellerautor Dan Brown in neuem Licht erscheinen lassen könnte (genau wie das Judas-Evangelium, welches 2006 plötzlich auftauchte). Brown hatte mit seinem Roman (und später dem Film) „Sakrileg" die These aufgestellt, dass Jesus mit Maria Magdalena verheiratet gewesen sei, die beiden Nachkommen hatten und es diese Nachfahrenlinie bis in die Gegenwart geben würde.

In dem von Karen King vorgestelltem Text heißt es:

„Jesus sagte zu ihnen, 'meine Frau'... "

Dabei soll es sich um Maria Magdalena handeln. Die renommierte Religionswissenschaftlerin liest den knapp vier mal acht Zentimeter großen Schnipsel als Dialog Jesu mit seinen Jüngern. Darin geht es um die Frage, ob Maria würdig sei, ein Jünger zu sein – was Jesus mit seiner Wendung bejaht. Ob sich daraus mehr entwickelte, als eine religiöse Beziehung wird damit nicht gesagt. In der Frage ob Frauen in der katholischen Kirche das Priesteramt übernehmen können, dürfte der Fund indes für neuen Gesprächsstoff gesorgt haben.

Stimmt die Datierung von Karen King, stammt der Papyrus aus dem 4. Jahrhundert – also genau aus der Zeit, als das Konzil von Nicäa die Bibel im Grunde festlegte. Außerhalb dieser Glaubensordnung standen die Gnostiker, die von der Kirche ja stets verfolgt wurde.

Dieser Ansatz ließ nicht nur Gnostiker aufhorchen. So soll das sogenannte Evangelium der Maria ursprünglich ein griechischer Text gewesen sein, der Mitte des 2. Jhd. datiert wird. Allerdings ist überhaupt nicht klar, wer mit Maria gemeint ist – Maria Magdalena, die Mutter Jesu oder eben ganz jemand anderes.

Sicherlich, als Maria Magdalena könnte aber auch eine Figur des sogenannten Philippus-Evangeliums angesprochen werden. Auch dabei handelt es sich um eine gnostische Schrift, die wohl im 3. Jhd. entstand und die 1945 mit zahlreichen anderen Texten in Ägypten ans Licht kam. Darin heißt es unter anderem:

„Die Gefährtin (des Erlösers) ist Maria Magdalena. Der (Erlöser liebte) sie mehr als (alle) Jünger und er küsste sie (oft) auf ihren (Mund)." [1]

Allerdings wie bisher immer in der Kirchengeschichte: Man weiß nichts genaues.

Das wiederum liegt nicht nur im alles überdeckenden Sand der Geschichte, sondern auch an der Geheimhaltungstaktik der Kirche – gerade der katholischen Kirche und des Vatikans – die das riesige Archiv mit der größten Sammlung zeitgenössischer Schriften der gesamten letzten 2000 Jahre (oder sogar noch länger) unter Verschluss halten. Welch Wissen der Menschheit liegt dort hinter dicken Mauern versteckt?

Doch gerade diese Heimlichtuerei sorgt für volle Kinos und allerlei Verschwörungstheorien. Maria ist wieder in aller Munde – wenn auch nicht ganz im Sinne der Kirchenväter.

Anna, die Mutter Marias

In einem alten Lied heißt es:

„Anna war ein selig Weib, drei Marien gebar ihr Leib... "

Damit sind nicht mehrere Kinder mit gleichem Namen gemeint – obwohl es zu der Zeit üblich war, den Namen verstorbener Kinder an später geborene Kinder zu übertragen, in dem Glauben, die Seele würde in diesem weiterleben. Nein, es handelt sich hier um einen weiteren Hinweis auf die schon beschriebene dreifache Göttin. Auch wenn sich noch immer wieder die Auffassung findet, Anna wäre durch verschiedene Ehen die Mutter aller im Neuen Testament vorkommenden Marien, so darf das bezweifelt werden. Denn eine Verwandtschaft zwischen Maria Magdalena und der Jungfrau Maria wäre mit Sicherheit erwähnt worden.

Als Mutter der Mutter von Jesus wurde Anna ausgewählt, die schon in vorchristlicher Zeit als Großmutter Gottes bekannt war.
Für die Römer war sie als Anna Perenna die Großmutter Zeit, die dem Rhythmus der Jahreszeiten und dem Kreislauf von Geburt und Tod zugeordnet war. Ihre zwei Gesichter schauten vor und zurück. (siehe Titelfoto) [1]

Die Römer nannten Diana (Di-Ana) manchmal auch Himmelskönigin. Der Kult um diese Göttin war in der vorchristlichen Zeit so weit verbreitet, dass nicht nur die ersten Christen sie als Hauptgegnerin ihres Gottes ansahen. Sehr viel später wurde sie daher auch Königin der Hexen genannt. Die Evangelien verlangten die völlige Zerstörung aller der Diana geweihten Tempel – der großen Göttin, die – laut Apostelgeschichte 19, 27 -

„von der ganzen Provinz Asien und der ganzen Welt verehrt wird".

Ana wurde sie von den Kelten genannt. Sie war die jüngste der dreifachen Göttin (Morigan war die älteste, die dunkle Göttin) Einer ihrer wichtigsten Tempel stand bei Cnoc Aine (heute Knockainey Hill im County Limerick, Irland). Jetzt befindet sich dort eine Kapelle der „Heiligen Anna". Für die Iren bedeutete das Wort Ana „Mutter".
In manchen Mythen wird sie gleich gestellt mit Morigan(a) – Morig-Ana – unüberwindbare Mutter des Todes.

In der Bibel steht nicht sehr viel über Anna. Nach langer Unfruchtbarkeit empfing sie eine Tochter, Maria, die als gottgeweihte Jungfrau im Tempel in Jerusalem aufgezogen wurde. Maria wurde also zur Priesterin ausgebildet. In dieser Geschichte sieht man noch die Ursprünge der Priesterinnenschaft, die in der Bibel verlorengegangen sind.

Die heilige Anna war für das Dogma der unbefleckten Empfängnis der Jungfrau Maria, das 1854 nach sieben Jahrhunderten der Kontroverse als Glaubensartikel angenommen wurde, von entscheidender Bedeutung. Aus offizieller katholischer Sicht wurde die Erbsünde durch den Sexualakt übertragen. Damit Maria ohne den Makel der Erbsünde geboren sein konnte, musste die heilige Anna deshalb selbst von Sexualität frei sein. Allerdings waren zwei jungfräuliche Geburten wohl doch eine zu viel, so wurde diese Idee wieder verworfen.

Zwar spielt Anna gerade im ländlichen Raum noch immer eine wichtige Rolle, ihre Bedeutung ging aber nach der Reformationszeit immer weiter zurück.

Jesus Christus

Ich bin davon überzeugt, dass die Geschichten um Jesus nicht eine einzelne Person beschreiben, sondern eine Zusammensetzung vieler Geschichten sind – wie auch die Geschichten um Maria nicht eine einzelne Person meinen.

So mag es auch verschiedene Männer namens Jesus gegeben haben, die predigend durch das Land gereist sind – denn der Name war durchaus geläufig, aber auch Wanderprediger gehörten zum damaligen Alltag.

Der Jesus der Bibel jedoch schien überhaupt gar keinen Eindruck auf seine Zeitgenossen gemacht zu haben. Er wird in keiner bekannten Überlieferung (außer der Bibel und ähnlicher Geschichten) genannt. Die Evangelien stammen nicht aus seiner Zeit. Die Autoren kannten ihn auch nicht persönlich. Die Namen der Apostel wurden fälschlicherweise mit den Evangelien in Zusammenhang gebracht. Deren Entstehung fiel jedoch erst in die Zeit nach Kirchengründung (ca. 200 Jahre nach Jesus, teils noch später). Dies entsprach vor allem dem Bedürfnis der Kirche nach traditioneller Verankerung. Auch heute scheint es für spirituelle Führer von Bedeutung zu sein, eine möglichst lange Tradition aufweisen zu können.

Die Mehrheit der Bibelforscher glaubt, dass die früheste Schrift des Neuen Testaments der 1. Brief an die Thessalonicher war, er wurde wahrscheinlich im Jahre 51 n. Chr. geschrieben und zwar von Paulus, der Jesus nie gesehen hatte und keine Detailkenntnis über dessen Leben besaß. Die Einzelheiten wurden nachträglich aus den Mythen zusammengetragen, die sich zur Zeit des Römischen Reiches um alle Erlöser-Götter rankten.

Wie Adonis war Jesus demnach von einer geweihten Tempeljungfrau in der heiligen Grotte von Bethlehem, dem „Haus des Brotes" geboren worden. Wie Adonis, Osiris und andere wurde er in Form von Brot rituell „gegessen". Er nannte sich „Brot Gottes" (Johannes 6, 33). Wie die Anbeter von Osiris machten sich die Christen Jesus im Abendmahlsritus zu eigen, um an seiner Auferstehung teilzuhaben – siehe Johannes 6, 56:

„Wer mein Fleisch isst und trinket mein Blut, der bleibt in mir und ich in ihm."

Jesus spielte die Rolle des heiligen Königs der Juden, der in der regelmäßig veranstalteten Bußzeremonie stellvertretend für den tatsächlichen König in den Tod ging. Menschenopferung wurde in den semitischen Religionen länger praktiziert als in allen anderen Religionen. Kinder und erwachsene Männer mussten sterben, um die blutdürstigen Götter zufriedenzustellen. Trotz des von Hadrian erlassenen Verbotes dieser mörderischen Opferhandlungen wurden sie im Verborgenen weiter durchgeführt. Die Priesterschaft des jüdischen Gottes beharrte auf der Vorstellung, dass „ein Mann sterbe für sein Volk" (Johannes 11, 50).

Für Jahwe konnten Sünden nur mit Blut reingewaschen

werden (Hebräer 9, 22):

„Ohne Blutvergießen geschieht keine Vergebung.“

Die Reihe der erschlagenen oder kannibalisierten Erlöser in nahöstlichen Traditionen ist lang und führt bis in prähistorische Zeiten zurück. Zuerst waren es Könige. Als sich die Macht der Monarchie entwickelte, übernahmen Stellvertreter oder „geistliche“ Könige die Opferrolle.

Der Jesus der Evangelien war gewiss nicht der erste, womöglich aber der letzte. Eine Textstelle in Johannes 6, 15 weist auf die verständliche Angst eines heiligen Mannes vor dieser kurzen und verhängnisvollen Würdenstellung hin:

„Da Jesus nun merkte, dass sie kommen würden und ihn greifen, damit sie ihn zum König machten, entwich er abermals auf den Berg, er selbst allein.“

Wie die vorchristlichen Frühlingsgötter starb Jesus zur Tag- und Nacht-gleiche im Frühling den Opfertod, aus dem er nach drei Tagen wieder auferstand, zu Gott wurde und später gen Himmel fuhr. Wie Orpheus und Herakles hat er „Höllenqualen erlitten“, das Geheimnis des ewigen Lebens gelüftet und versprochen, alle Menschen zu sich in die Herrlichkeit zu holen (Johannes 12, 32). Wie alle anderen Sonnengötter feierte er seinen Geburtstag zur Wintersonnenwende. Sein Todestag war auch der Jahrestag seiner Zeugung.

Von den älteren Göttern bezog Jesus nicht nur den Beinamen Christos, sondern auch alle anderen Titel. Osiris wurde „der

gute Hirte" genannt. Serapis war König des Todes und Herr der Herrlichkeit. Mithra und Herakles waren das Licht der Welt, Sonne der Gerechtigkeit. Helios war die aufgehende

Sonne, Dionysos König der Könige, Gott aller Götter. Hermes war der Erleuchtete. Vishnu und Mithra waren Menschensohn und Messias. Adonis war Herr und Bräutigam. Alle trugen auch den Beinamen „Erlöser". [1]

Fazit

Nun ist dieses kleine Buch fertig geschrieben und ich habe festgestellt, dass unsere Gesellschaft scheinbar dazu übergegangen ist, sich eigene, ganz persönliche Religionen zurecht zustricken. Es werden christliche Aspekte wie Engel, Jesus und Maria mit alten heidnischen Traditionen wie dem Wahrsagen oder hinduistischen Ideen wie die der aufgestiegenen Meister munter vermischt. Es werden Runenorakel mit fernöstlichem Iging oder Reiki kombiniert. Es werden keltische Götter mit germanischen und slawischen, teils sogar mit römischen, griechischen oder gar asiatischen Göttern in einen Topf geworfen und man kocht sein eigenes Süppchen.

Für mich ist die Bibel eine Sammlung von vielen Geschichten. Gesammelt, redaktionell bearbeitet, der Zeit der Sammler angepasst. Genau wie die Edda erzählt die Bibel spannende Geschichten über Götter, Menschen und Schicksale. Dies ist meiner Meinung nach doch vollkommen ausreichend. Warum muss man es „Wort Gottes" nennen, um es wertvoll erscheinen zu lassen? Ich glaube, es genügt, sich an den Geschichten zu erfreuen. Diese vermitteln wichtige Werte genau so, wie es auch die Märchen der Gebrüder Grimm tun. Und das soll nicht abwertend klingen. Es soll nur aufzeigen, dass man nicht alles heilig nennen muss, nur damit es sich über andere erheben kann.

Dies sollte für alle ein Anreiz sein, sich über die

verschiedenen, grundlegenden Entstehungen zu informieren und sich dann mit anderen auszutauschen.

Und damit hier kein falscher Eindruck entsteht: Ich habe nichts gegen Christen oder andere Religionen. Ganz im Gegenteil: Ich liebe es, die Mythen der Welt aller Religionen zu hören – und zu erzählen.

Jedoch ist die Institution der Kirche für mich nicht akzeptabel. Immer dort, wo gedroht werden muss um Menschen zum Glauben zu „überreden"; immer dort, wo bestimmte Lebensvorstellungen „verteufelt" werden; immer dort entsteht Zwang und Angst. Im Zwang kann kein wahres Erleben des Göttlichen geschehen. In Angst kann keine wahre Erleuchtung erlebt werden.

Meiner Meinung nach sollte eine Messe oder ein Gottesdienst nicht dazu dienen, Druck auf die Gläubigen auszuüben und ihnen einzureden, wenn sie nicht dieses oder jenes glauben würden, würden sie Häretiker (Ketzer, Ungläubige) sein.

Vielmehr sollte man die Menschen ermuntern, selbst herauszufinden, was es mit dieser Religion auf sich hat. Man sollte Fehlverhalten der Geschichte nicht bagatellisieren, sondern sich diese eingestehen und sich tolerant zeigen. Das fängt eben damit an, nicht zu behaupten, dass man den einzig wahren Weg kennt. Und man sollte die Gläubigen einladen, den göttlichen Funken selbst zu erleben. Ob nun in der Kirche oder im Wald sollte unwichtig sein.

Und auch wenn die Kirchenväter nicht meiner Meinung sind und diesen neumodischen Rummel um Maria nicht gutheißen würden – so ist die Kirche eben doch irgendwie (vielleicht aus Versehen) mit der Zeit gegangen und Maria hat sich emanzipiert. Es wäre wünschenswert, dass sich dieser zarte Samen von ökumenischem Austausch – und zwar mit ALLEN Religionen, nicht nur innerhalb der christlichen – keimt und die Saat langsam aufgeht und erblüht.

Gebete ändern die Welt nicht.
Aber Gebete ändern die Menschen.
Und die Menschen verändern die Welt.

Albert Schweizer

Quellenverzeichnis

S. 5/1 Georg Büchmann, Geflügelte Worte

S. 9/1 Michael P. Caroll, The Cult of the Virgin Mary

S. 9/2 Fresko in der Kathedrale bei Lipljan, Kosovo

S. 9/3 Amaury De Riencourt, The Coming Ceasars

S. 10/1 Chevalier Artaud de Montor, The Lives and Times
of the Pope

S. 12/1 Karl Baedeker, Egypt Handbook for Travelling

S. 13/1 Kaiser Konstantin und Helena – Germanisches
Nationalmuseum Nürnberg

S. 16/1 Michael P. Caroll, The Cult of the Virgin Mary

S. 17/1 Bernhardt Striegel, Christi Abschied von Maria

S. 18/1 Die Welt, 16.6.2008

S. 20/1 Lk 11, 26, Lutherbibel

S. 20/2 Jungfrau mit Kind, unbek. Künstler, Hermitage
Museum St. Petersburg

S. 21/1 Maria Magdalena, Jan van Scorel

S. 22/1 Lk 8, 2, Bibel Einheitsübersetzung

S. 22/2 Mt 27, 55, Lutherbibel 1912

S. 23/1 Mk 16, 1, Neue Evangelistische Bibel

S. 23/2 Maria Salome und ihre Famlie – Bernhardt
Striegel

S. 24/1 Jh 11, 1, Schlachterbibel

S. 24/2 Jh 12, 1, Schlachterbibel

S. 25/1 Maria von Bethanien, Dallas Museum of Art

S. 25/2 Apg 12, 11, Schlachterbibel

S. 26/1 Röm 16, 6, Schlachterbibel

S. 28/1 Voenix, Der Germanische Götterhimmel

S. 28/2 Voenix, Der Germanische Götterhimmel

S. 29/1 Nachbildung eines Weihealtars nahe Bonn

S. 31/1 Pius XII., Fulgens corona
S. 31/2 kathpedia.de
S. 35/1 Jh 8, 1, Elberfelder Bibel
S. 36/1 Carsten Peter Thiede, Der unbequeme Messias
S. 41/1 Die Welt, 19.9.2012
S. 42/1 Barbara G. Walker, Das geheime Wissen der Frauen
S. 48/1 Barbara G. Walker, Das geheime Wissen der Frauen

Buchempfehlungen

Petra Liermann:
*Mit dem Labyrinth von Chartres
auf dem Weg zu Dir selbst
– Eine spirituelle Reise –*

Jedes Labyrinth ist eine Herausforderung –
genau wie unser Leben. Nicht nur der Gang in
sein Inneres, sondern jedes Blatt der in der
Mitte befindlichen Rose steht für eine Lehre,
die sich schon im Vater-Unser findet.
Durchläuft man das Labyrinth mit allen sechs
Blättern und erreicht die Mitte, die für die
Essenz und den Quell der Liebe steht, hat man
eine vollendete spirituelle Übung absolviert.

ISBN: 978-3735725721

Voenix:
**Weltenesche Eschenwelten
Das Germanische Götter-
orakel u. Nachschlagewerk**

Ausführliche Beschreibung der
nordischen Götter und deren
Geschichten inkl. Zuordnungen
und ganzseitigen s/w Bildern.
Ein MUSS im Bücherregal.
ISBN: 3-927940-54-2

Über die Autorin

Stefanie Gralewski, 1982 in Berlin geboren, arbeitet seit 2007 als TV-bekannte Wahrsagerin und Mentalcoach.
Seit frühester Jugend beschäftigt sie sich mit Geschichte und Religionen.

Ein Studium der Religions- oder Geschichtswissenschaften blieb ihr zugunsten einer Ausbildung zur Fremdsprachensekretärin verwehrt. Das Interesse blieb. Sie sammelte Bücher über Bücher zu Religion, Geschichte und den Mythen der Welt.

Einige Jahre war sie sogar als slawische Priesterin auf mittelalterlichen Märkten unterwegs. Auch das Schreiben lag ihr schon in der Schule am Herzen, geriet aber im Laufe der Jahre etwas in den Hintergrund.

2013 beschloss sie, dies wieder in den Vordergrund zu rücken.

„Ich wünsche mir von ganzem Herzen, dass alle Religionen in fruchtbarem Austausch zueinander finden. Toleranz sollte nicht nur von der Kanzel gepredigt, sondern auch im Alltag gelebt werden. Wahre Toleranz zeigt sich dort, wo ich andere Glaubensvorstellungen diskutieren kann – ohne zu missionieren."

Bei Interesse bietet die Autorin Workshops und Seminare zu den Mythen der Welt in ganz Europa an.

Auch für Lebensberatungen ist Stefanie Gralewski gern erreichbar. Profitieren Sie von der exklusiven Kombination modernen Mentaltrainings mit traditionellen Orakeln und ihrer langjährigen Erfahrung.

Näheres dazu und aktuelle Informationen und Termine finden Sie auf **www.kartenlegen-berlin.de** oder auf Facebook unter „**Die Berliner Hexe**"

Haben Sie Fragen oder Anregungen zu diesem Buch?
Oder haben möchten Sie mir Ihre Erlebnisse schildern?
Schreiben Sie mir!

Email: info@kartenlegen-berlin.de

Herzlichst,
Ihre Stefanie Gralewski